예수 보혈이 세상을 이기고
구원에 이르는 능력입니다.

김홍도

예수,
보혈,
구원

예수, 보혈, 구원

지은이 | 김윤상
초판 발행 | 2022. 1. 26
2쇄 발행 | 2022. 9. 1
등록번호 | 제1988-000080호
등록된 곳 | 서울특별시 용산구 서빙고로65길 38
발행처 | 사단법인 두란노서원
영업부 | 2078-3352   FAX | 080-749-3705
출판부 | 2078-3331

책값은 뒤표지에 있습니다.
ISBN 978-89-531-4131-5 03230

독자의 의견을 기다립니다.
tpress@duranno.com   www.duranno.com

두란노서원은 바울 사도가 3차 전도여행 때 에베소에서 성령 받은 제자들을 따로 세워 하나님의 말씀
으로 양육하던 장소입니다. 사도행전 19장 8-20절의 정신에 따라 첫째 목회자를 돕는 사역과 평신도
를 훈련시키는 사역, 둘째 세계선교(TIM)와 문서선교(단행본잡지) 사역, 셋째 예수문화 및 경배와 찬양 사
역, 그리고 가정·상담 사역 등을 감당하고 있습니다. 1980년 12월 22일에 창립된 두란노서원은 주님
오실 때까지 이 사역들을 계속할 것입니다.

단 한 번의 인생,
이것이 전부입니다

예수
보혈
구원

김윤상 지음

두란노

목차

삶의 위기 중에 경험한 저자의 특별한 간증은 평소 잊고 있던 사실을 떠올리게 합니다. 우리는 하나님의 자녀로서 이 세상에 살면서도 영적 세계를 간과할 때가 많습니다. 당장 눈앞에 보이지 않아 내 삶과는 먼 얘기처럼 느껴지기 때문입니다. 이 책은 우리가 잊고 있던 중요한 사실, 구원받은 하나님의 자녀에게 '예수님의 보혈'과 '심판'이 얼마나 중요한가를 다시금 생각하게 합니다. 복음 전파가 어려운 이 시대에, 이 책이 좋은 전도자가 되어 주기를 기대합니다.

김병삼 ✳ 만나교회 담임목사

2021년 다니엘기도회 때 한국 교회 성도들에게 큰 울림을 주었던 김윤상 선교사님의 간증은 말 그대로 살아계신 하나님의 인도하심으로 밖에는 설명할 수 없습니다. 생명이 오가는 그 긴박한 상황에서 오직 '예수, 보혈'만 의지하며 하나님의 권능을 선포한 저자의 믿음은 많은 이에게 영적 도전을 줍니다. 어떤 영웅적인 서사 없이, 그저 '예수, 보혈, 구원'의 능력과 '예수 그리스도와의 동행'만이 심판 날에 가치를 인정받는 시간임을 외치는 이 책을 통해 우리 모두 인생의 방향을 바로잡기 바랍니다.

김은호 ✳ 오륜교회 담임목사

이 책은 원색적인 복음을 담고 있습니다. 복음의 진수를 경험한 사람만이 말할 수 있는 메시지입니다. 저자는 죽음과 삶의 기로에서 복음을 경험했습니다. 한동대학교 제자이기도 한 그가 의식을 잃고 사경을 오가자 우리 학교 기도라인은 풀 가동되었습니다. 저자의 아내인 방민경 자매가 공유해 준 기도제목을 보며 뜨겁게 기도했던 기억이 생생합니다. 당시 항암치료 중이던 김영길 총장은 저자가 빨리 낫기를 바라는 메시지를 담아 영상을 찍어 보냈고, 나는 치료 중이던 병원으로 찾아가기도 했습니다.

의식을 되찾은 후, 저자가 들려준 이야기는 정말 놀라웠습니다. '예수, 보혈, 구원'의 이야기는 복음 그 자체였습니다. 눈에 보이지 않는 영의 세계를 생생하게 보았으니 저자의 이후 삶과 신앙은 완전히 달라질 수밖에 없었습니다. 이 책의 독자들도 예수 이름과 보혈의 능력이 얼마나 강력한 힘인지 알게 되기를 바랍니다. 그리고 저자처럼 삶이 완전히 달라지기를 바랍니다.

김영애 ✳ 《갈대상자》 저자, 故 김영길 한동대학교 초대총장 아내

인생의 끝에 무엇이 있는지 경험해 본 사람은 없습니다. 그런데 저자는 우리가 믿음으로 바라보는 그곳에 다녀오는 보기 드문 경험을 했고, 그 내용을 이 책에 담았습니다. 책을 단숨에 읽으며 우울증으로 괴로웠던 과거가 생각났습니다. 당시 저는 수면제 70알을 두 번 먹고, 산에 가서 목을 매달았습니다. 죽음의 끝에서 주님의 음성을 들었습니다. 이 책은

그날의 저를 다시 떠오르게 했고, 남은 삶을 대하는 태도를
점검하게 해 주었습니다. 많은 독자가 이 책을 읽고 우리 인
생의 주인이 누구인지, 인생의 목적을 어디에 두고 살아야 하
는지 깨닫고 부활의 소망을 붙잡기 바랍니다. 아울러 복음을
전하는 이들에게 좋은 안내서가 되기를 바라며 이 책을 추천
합니다.

김상철 ✳ ⟨제자, 옥한흠⟩, ⟨부활·그 증거⟩ 감독

죽음은 위대한 스승이라고 말할 수 있습니다. 왜냐하면
삶의 소중함을 깨닫게 하고, 이 땅에서의 소유가 무가치함
을 알게 하고, 만인이 죽음 앞에서 평등하다는 것을 직면하
게 하고, 거짓 자아의 삶이 온전하지 않음을 가르쳐 주기 때
문입니다. 그런데 그 죽음보다 더 위대한 스승이 있습니다.
바로 예수 그리스도이십니다. 그분은 성자 하나님으로 이 땅
에 오셔서 죽음과 더불어 부활을 경험하셨습니다. 그리고 이
제는 믿는 우리를 구원하십니다. 그분의 핏값으로 새 생명을
얻은 우리는 새로운 피조물이 되어 하나님을 경험하는 자녀
의 삶을 살게 되었습니다. 당신은 이 놀라운 사실을 기억하며
살아가고 있습니까? 지갑이나 휴대전화만 잃어버려도 난리
가 나는데, 진정한 나를 잃어버리고서 그 사실조차 깨닫지 못
하고 무감각하게 살고 있지는 않습니까? 저자는 죽음 앞에서
비로소 거짓 자아에서 벗어나 예수 그리스도 안에 있는 자신
의 존재를 발견했습니다. 그리고 예수 그리스도의 보혈을 통
하여 십자가의 능력을 경험했습니다. 이 책에 담긴 메시지는

짧지만, 거짓 자아로 세상의 성공과 행복만을 추구하며 신앙
생활하는 수많은 신자에게 진정한 구원과 구원을 이루어 가
는 삶이 무엇인지 성경적으로 증거하고 있습니다. 이 메시지
를 통해서 많은 그리스도인이 환난과 고통 가운데 죽음을 경
험하고, 부활의 삶을 살기를 간절히 소망합니다.

손기철 ✳ 헤븐리터치 미니스트리 대표

이 책은 인생에서 강도 만난 한 선교사에 관한 이야기입
니다. 수십 년간 믿음생활을 해도 살아 계신 하나님을 만나기
는 쉽지 않습니다. 그런데 저자는 죽음의 문턱에서 하나님을
만났고, '예수, 보혈, 구원'을 외쳤습니다. '예수, 보혈, 구원'은
기독교 신앙의 핵심이자 본질입니다. 이 책은 이 신앙의 본질
을 다시 한번 깨닫게 하는 영적 각성제입니다. 교회생활을 통
해 세상살이의 지혜나 힘든 인생길에 위로를 기대하는 현대
그리스도인들에게 신앙의 본질, 복음의 본질이 무엇인지를
또렷하게 제시합니다. 죽음의 문턱에서 경험한 놀라운 간증
을 통해 우리의 잠자는 영혼을 깨우기를 바랍니다. 오늘도 기
적은 우리 곁에 있습니다.

신태균 ✳ 前 삼성인력개발원 부원장, 카이스트 겸임교수

이 책은 저자의 삶의 흔적이요 신앙고백의 결정체입니다.
저자는 삶과 죽음의 갈림길에서 예수 그리스도의 사랑의 결
정체인 십자가 보혈의 능력과 공의의 하나님에 의한 구원의
기적을 경험했습니다. 그리고 그 놀라운 기적의 이야기를 많

은 사람에게 전하며 '예수, 보혈, 구원'을 외치고 있습니다. 이 책이 지금을 살고 있는 많은 사람에게 선물이 되고, 삶의 진정한 의미를 깨닫는 데 도움이 되기를 바라며 추천합니다.

이선일 ✳ 성경교사, 청년사역자, 의료선교사

이 책은 문자 안에만 있던 예수 그리스도의 복음의 능력이 마침내 밖으로 걸어 나오는 놀라운 경험으로 우리 모두를 인도합니다. 결코 포기하지 않으시는 하나님의 사랑과 우리를 찾아내시고, 붙드시고, 구원해 주시는 은혜를 더욱 간절히 사모하도록 도전합니다. 무엇보다 이 책은 예수 그리스도의 주 되심을 선명하게 드러냅니다. 하나님께 쓰고 남은 것을 드리는 것이 아니라 최고의 것을 드리도록 우리 모두를 초청합니다. 예수 그리스도의 복음을 아직 한 번도 들어 보지 못한 분, 이제 막 예수님이 어떤 분인지 알아 가고 있는 분, 믿음의 갈등으로 시험 가운데 있는 분, 뜨거운 열정으로 예수님께 더 깊이 헌신하기 원하는 모든 분에게 이 책을 강력하게 추천합니다.

이지웅 ✳ 더 바이블 미니스트리 대표, 목사

하나님께서 선교 현장에서 행하시는 일들은 놀랍고 신비합니다. 그분은 때로 고통스러운 사건을 통해서도 선한 역사를 이루십니다. 선교의 주체는 하나님이시기에 선교사들은 그분의 통로가 될 뿐입니다. 저자는 갑작스러운 교통사고로

24일간 혼수상태에 빠졌습니다. 그동안 심판과 생명의 주인 되신 하나님의 주권을 경험합니다. 이러한 체험을 통해 저자는 진정한 선교사로 거듭났습니다. '예수, 보혈, 구원'이라는 세 단어로 요약되는 이 체험은 예수 보혈의 능력이 얼마나 강력하고, 구원의 역사가 얼마나 놀라운 것인지를 드러냅니다. 많은 영혼에게 이 체험의 은혜가 전해지기를 기도하며 이 책을 추천합니다.

이재훈 ☀ 온누리교회 담임목사

임사체험자들의 이야기를 더러 읽었습니다. 그 이야기들은 생명의 주인을 확인해 줍니다. 저자도 24일간 죽음의 문턱을 넘나들다 돌아왔습니다. 그러더니 작심하고 미지근한 신앙에 찬물을 끼얹었습니다. 교활하고 복잡해진 종교 놀음판에 폭탄을 던집니다. '예수, 보혈, 구원' 세 단어면 충분한데 무슨 짓들이냐고 외칩니다. 사탄의 계략에 말려든 교회를 제 길로 돌이키는 데 이 책 한 권이면 충분합니다. 김윤상 선교사님, 저처럼 타다 남은 부지깽이 같은 자 다시 불붙이느라 큰 고생하셨습니다. 짧은 글로 긴 감동을 주셔서 감사합니다.

조정민 ☀ 베이직교회 목사

광야,

삶의 주인이 바뀌는 삶의 현장

"나와 함께 광야로 가자."

2017년 8월, 멕시코 선교지로 가라는 하나님의 강력한 부르심을 받아 순종하는 마음으로 가족과 함께 익숙한 일상을 떠나게 되었습니다. 부르심과 함께 주신 말씀은 젖과 꿀이 흐르는 가나안이 아니라 광야였습니다. 그때만 해도 어렴풋이 많은 어려움을 겪을 수도 있겠구나 싶어 평안함보다는 긴장하는 마음으로 선교지에서의 새 삶을 시작했습니다.

아무래도 멕시코의 시골이다 보니 도시에서의

삶에 비해 현실에 많은 부족함이 있었지만, 생각보다는 견딜 만했습니다. 때로는 슬로우한 라이프 스타일과 우리를 둘러싸고 있는 자연의 풍광 속에 하나님의 창조 섭리와 주신 은혜를 깨달아 가며 하나님을 알아 가는 기쁨도 매우 컸습니다. 이 정도 광야 생활이라면 해 볼 만도 하다고 여겼던 것 같습니다.

그러던 2018년 10월, 진정한 고난의 시간이 찾아왔습니다. 비 오는 날 밤에 선교 센터로 돌아오던 중 고속도로에서 마주 오던 차량과 정면으로 충돌하는 교통사고를 겪게 되었습니다. 24일간 의식 없이 위중한 상태로 중환자실에 누워 있었습니다. 의학적으로 살기 어렵다는 진단을 받았습니다. 그럼에도 가족은 기도의 끈을 놓지 않았습니다. 그뿐만 아니라 내 소식이 전 세계 곳곳 주의 자녀들에게 전해지면서 수많은 중보자가 함께 기도해 주었습니다.

그래서였을까요? 병원에서 의식이 없던 기간 동안 나는 인생의 마지막과 동시에 성경에서 말씀하는 심판을 경험했습니다. 그리고 영의 세계를 보고 들으며 그곳의 원리들을 배웠습니다. 예수 그리스도의 보혈의 그 엄청난 능력이 무엇인지 실제적으로 체험한 것입니다. 그곳에서 살아 계신 예수님을 실제로 만나고, 죽음의 끝에서 다시금 삶을 부여받았습니다. 그리고 그간 내 인생의 주인이 나인 줄 착각하고 살아왔음을 알게 되었습니다. 내 생명과 삶의 주인은 내가 아니라 하나님이심을 절실히 깨닫게 된 것입니다.

광야, 그곳의 본질은 고난이 아닙니다. 하나님을 만나고 알아 가는 곳입니다. 내 삶의 주인이 실제적으로 바뀌는 삶의 현장이며, 하나님의 영광과 임재가 있는 성막이 내 삶에 세워지는 곳입니다. 이전까지 나는 예수님을 믿는다고 하면서도 내 삶의 주인 자리를 내 놓지 못했습니다. 그런데 그 자리를 하나님께 내어 드리고 나니 이전에는 그렇게 맺고 싶었으나 맺히지 않던 삶의 열매들이 저절로 맺히는 것을 경험하게 되었습니다.

비록 삶에 어려움은 겪었지만, 나는 그 일로 보석처럼 귀한 보물을 얻었습니다. 예수 그리스도와 그분의 구원 역사를 생각하면 고난조차도 내겐 엄청난 은혜이며 감사한 일입니다.

이 책을 통해 내가 겪은 어려움을 거울삼아 많은 사람이 예수 그리스도를 믿어 구원에 이르고 그 보혈의 능력을 의지하여 승리의 삶을 살아갈 수 있기를 기도합니다.

2022년 1월
김윤상 선교사

당신은 인생이 너무나 짧다고
생각하지 않나요?
혹시 인생이 너무 길어서
고민인가요?
당신에게 주어진 인생을
어떻게 하면 가치 있고
밀도 있게 살아갈 수 있을까요?

Chapter 1

예수

그 이름에 새겨진 생명

2018년 10월 21일, 비가 많이 내리던 밤이었습니다. 그날 제가 살고 있던 멕시코의 한 고속도로에서 마주 오는 자동차와 정면충돌하는 사고를 겪었습니다. 전 매우 위중한 상태로 병원 응급실로 실려 갔습니다.

사고로 장은 크게 파열되었고, 왼쪽 다리는 심한 복합 골절로 치료가 매우 어려운 상태였습니다. 장 파열 탓에 내부에는 극심한 출혈이 있었습니다. 당시 의사는 제가 병원에 도착했을 때 피의 약 60퍼센트 가량이 몸 밖으로 빠져나온 상태였고, 의식이 없었다고 했습니다. 그래서 바로 응급수술을 하여 장의 파열된 부분을 제거해야 했습니다.

제가 입원했던 곳은 시골의 작은 병원이었기 때문에 의료 장비들이 열악했습니다. 수술 후 배 안 감염 여부를 확인하기 위해 호스를 연결해 놓았는데, 나흘 정도가 지난 후 그 호스를 통해 고름

이 흘러나왔습니다. 파열된 부분을 모두 찾지 못해 생긴 일이었습니다.

다시 응급으로 재수술에 들어갔습니다. 배안은 이미 감염이 심해져 복막염으로 번졌고, 폐렴과 패혈증까지 겹쳐 생존 가능성은 더욱 희박해져 갔습니다. 의사들은 가족에게 의학적으로 살아날 가능성이 없다고까지 했습니다.

게다가 사고 당시 매고 있던 안전벨트 탓에 폐에는 강한 압박이 가해졌고, 심한 타박상을 입은 상태였습니다. 폐는 그 기능을 제대로 하지 못했고, 혼수상태에서 폐에 고인 물을 빼는 시술도 해야 했습니다.

이처럼 저는 의식이 없는 채로 24일 동안 중환자실에서 가장 위중한 환자로 누워 있었습니다. 생명이 위중했던 터라 부서진 다리는 사실상 그대로 방치된 채 말입니다.

우리 가족은 절망의 터널을 지나야 했습니다.
자녀를 키워 본 부모는 모두 같은 마음이겠지
요. 아버지는 제가 의식이 없을 때 이렇게 기도하
셨다고 합니다.

"주님, 차라리 저를 데려가시고 제 아들은 살려
주옵소서."

가족은 하나님께 저를 살려 달라고 매달리며
기도했습니다. 그러나 계속되는 의사의 절망적인
소견은 가족의 기도를 바꾸어 버렸습니다.

"윤상이의 이 상황이 너무나 급작스럽고 받아

들이기는 아직도 어렵지만, 하나님 아버지께서 우리 생명의 주인이십니다."

이렇게 가족은 하나님이 제 생명의 주인이심을 인정하기 시작했습니다. 사랑하는 독생자 예수 그리스도를 십자가에 친히 못 박으며 우리를 구원하신 하나님이 제 친아버지이심을 고백했습니다.

그 친부께서 저를 살려 주시면 정말 감사하지만, 데려가셔도 이는 하나님의 깊은 생각 속에서 결정되는 일이기 때문에 감사할 수밖에 없다고 기도드렸습니다.

아버지는 그날을 회상하며 이렇게 고백하셨습니다. 마치 아브라함이 모리아산에서 이삭을 바치던 예배와 같은 시간이었다고 말입니다.

"주님, 차라리 저를 데려가시고
제 아들은 살려 주옵소서."

…

"윤상이의 이 상황이 너무나 급작스럽고
받아들이기는 아직도 어렵지만,
하나님 아버지께서 우리 생명의 주인이십니다."

4

범사에 감사하라 이것이 그리스도 예수 안에서

너희를 향하신 하나님의 뜻이니라 살전 5:18

감사는 마땅히 감사할 만한 환경이 주어질 때
만 하는 것이 아닙니다. "범사에 감사하라"는 말씀
은 우리의 상황이나 처지와 상관없이 늘 감사하라
는 뜻입니다. 즉 어떤 순간에도 감사를 선택하라
는 것입니다.

감사란 하나님이 계심을 인정하는 삶의 태도입
니다. 감사할 만한 상황이 아니어도, 인생의 어두운
터널을 지나고 있는 순간일지라도 내 삶 가운데 하
나님의 깊은 개입과 다스리심이 있다는 것을 믿고
인정하는 것입니다. 그 결과로 나타나는 것이 바로

감사입니다.

하나님은 히브리서를 통해 당신께서 기뻐하시는 믿음이 있다고 말씀하십니다.

> 믿음이 없이는 하나님을 기쁘시게 하지 못하나니
> 하나님께 나아가는 자는 반드시 그가 계신 것과
> 또한 그가 자기를 찾는 자들에게
> 상 주시는 이심을 믿어야 할지니라 히 11:6

그러므로 감사는 환경에 따라 하는 것이 아닌, 하나님이 계시고 그분이 이 세상을 다스리신다는 믿음의 결과로 나타나는 것입니다.

하나님의 아들이신 예수님도 큰 기적을 베푸시기 전에 먼저 하나님께 감사하셨습니다. 오병이어의 기적 때 그러셨고, 죽은 나사로를 살리실 때도 그러셨습니다. 기적이 일어난 후에 그에 따른 감사를 드린 것이 아닙니다.

우리가 감사함으로 하나님의 다스리심을 인정할 때 놀라운 일이 일어납니다. 바로 그때 하나님께서 일하시는 것입니다. 사람이 도저히 할 수 없는 그 일을 하나님께서 하십니다.

우리가 믿는 하나님은 이미 모든 것을 알고 계시고, 불가능이 없으십니다. 그분은 온 세상을 만드신 창조주이십니다. 그분이 우리를 도우실 때 우리 삶은 풍성한 기적으로 가득해집니다.

✳

감사의 고백은
환경이 아닌

하나님이 이 세상을 다스리신다는
믿음의 결과입니다.

5

사고가 나던 무렵 과테말라 선교사이신 아버지는 로스앤젤레스와 뉴욕에서 세계선교사대회를 막 마치셨습니다. 덕분에 즉시 전 세계 선교사님들께 기도 부탁을 하실 수 있었습니다. 감사하게도 수많은 분이 제 사연을 듣고 전심으로 기도해 주셨습니다.

또 아내는 사고가 일어나자마자 자신의 SNS를 통해 기도제목을 올리기 시작했습니다. 단 한 분의 기도라도 모으고 싶은 간절한 마음으로 제 상태를 자세히 올렸다고 합니다.

아내는 울고 무너지는 대신 우리의 주인 되신 하나님께 전심으로 매달려 간구했습니다.

저는 24일간 의식도 없이 생사를 오갔지만 하나님은 그 시간 동안 엄청난 회복을 이루셨습니다. 제 사연은 전 세계로 퍼져 나갔고, 수많은 주의 자녀가 함께 기도했습니다. 이때부터 제 상태에 반전이 일어나기 시작했습니다.

우리 삶은 길어야 80-90년 정도입니다. 각자의 분야에서 원하는 목표를 달성하기 위해 우리는 많은 것을 희생하며 뛰고 있습니다.

그럼에도 불구하고, 목표를 달성하는 사람보다 중도에 포기하고 낙오하는 사람이 더 많은 것이 현실입니다.

행여 그 목표를 달성했다고 한들, 우리의 짧은 인생은 그것을 누릴 만한 충분한 시간을 담보해 주지 않습니다.

Chapter 2

보 혈

그 안에 새겨진 능력

저는 꿈과 비전이 크고 명확한 사람이었습
니다. 일찍이 사업을 인생의 방향으로 잡고 돈을
많이 벌어 성공하고 싶었습니다. 그리고 그 성공
의 정점에 다다랐을 때 제가 크리스천이란 것을
드러내어 하나님께 큰 영광을 돌려야겠다고 생각
했습니다. 그때가 되면, 비로소 가치 있는 인생을
살았다는 기쁨이 충만할 것 같았습니다. 그것을
이루기 위해 온 열정을 다해 달렸습니다. 어떤 희
생과 어려움도 비전이라는 이름 앞에서는 그저 감
당해야 할 과정일 뿐이었습니다.

그러나 저는 이 사고를 겪으며 제 꿈과 비전에
중대한 오류가 있다는 것을 알게 되었습니다.

성공의 정점에 다다랐을 때 제가 크리스천이란 것을 드러내어 하나님께 큰 영광을 돌려야겠다고 생각했습니다. 그러나 …

사고가 나기 불과 몇 초 전을 기억합니다. 저는 집에 돌아가는 길이었고, 곧 아내와 아이들을 볼 것이라고 생각했습니다. 푹 쉬고 다음날 출근을 하면 동료들을 만날 것이고, 여느 때와 같은 하루가 시작될 것이라고 생각했습니다. 불과 몇 초 후에 이렇게 큰 사고를 맞닥뜨릴 거라고는 상상조차 못 했습니다.

죽음의 문턱까지 다녀오고 나서야 깨달은 것이 있습니다.

첫째, 인생에서 우리가 원하는 것을 충분히 얻어 낼 확률은 매우 적다는 것입니다.

둘째, 원하는 것을 얻었다 해도 누릴 시간이 턱

없이 부족합니다.

셋째, 인생의 마지막 날은 누구도 알 수 없습니다. 내일은 보장된 날이 아닙니다.

예수님이 말씀하신 어리석은 부자의 비유를 기억합니까?

어느 부자가 그 소출이 풍성하여 곳간을 새로 짓고 여러 해 쓸 물건을 쌓아 놓은 후에 이제 평안히 쉬고 먹고 마시고 즐거워하자 생각합니다.

그때 하나님은 이렇게 말씀하십니다.

하나님은 이르시되 어리석은 자여

오늘 밤에 네 영혼을 도로 찾으리니 그러면

네 준비한 것이 누구의 것이 되겠느냐 하셨으니 눅 12:20

그렇습니다. 생명의 주인은 하나님이십니다. 우리에게 생명을 주신 분도, 거두어 가시는 분도 하나님이십니다.

그렇다면,
진정 우리에게 중요한 것은
무엇일까요?

우리가 살아가는 데
절대 놓지 말아야 할 것,
손에 꼭 쥐고 살아가야 할 것은
무엇일까요?

8

저는 멕시코에 살고 있습니다. 혹시 멕시코에 가 보지 않은 분들 중에 "나는 멕시코에 가서 내 눈으로 보고, 땅의 흙을 만져 보고, 냄새 맡고, 음식을 맛보기 전에는 그런 나라가 있다는 것을 믿을 수가 없어"라고 하실 분이 있나요?

영의 세계도 마찬가지입니다.

저는 의식이 없던 24일간 영적인 세계를 경험했습니다. 그것은 환상이나 꿈이 아니었습니다. 실재하고 있는 또 다른 현실이고 현장이었습니다. 인간이 가진 한계 탓에 당장 보고 느낄 수 없을 뿐 그곳은 분명히 존재하고 있었습니다.

그 세계에서 저는 어떤 건물 안에 갇혀 있었습니다. 그 안에서는 열네댓 명쯤 되는 사람이 일을 하고 있었습니다. 처음에는 이들이 어떤 존재인지 알아채지 못했습니다. 시간이 지나며, 이들 가운데 두 명의 리더가 있다는 사실을 알게 되었습니다. 사람들은 그 리더에게 완전히 복종하고 있었습니다.

그 안에서도 저는 온몸에 기운이 없이 거의 죽어 가고 있었습니다. 그럼에도 그곳 사람들은 제게 온갖 돈 벌어 오는 일을 시켰습니다. 또한 갖은 협박과 죽음의 위협을 가했습니다. 무슨 상황인지도, 나를 압박하는 이들이 어떤 존재인지도 모른 채 저는 그들이 시키는 대로 했습니다.

그곳에서 저는 공포에 질린 채 살고 있었습니다. 마치 무언가의 노예가 된 것처럼 말이지요.

9

저는 돈을 벌기 위해 여러 나라로 보내졌습니다. 그리고 그때마다 저는 성공적으로 돈을 벌어 댔습니다. 하지만 마지막엔 항상 목숨의 위협과 공포로 끝이 났고, 또 다시 그 건물로 돌아와 갇혔습니다.

시간이 지나면서 이 리더들은 사탄의 종이며, 사탄에게 복종하는 영적인 존재들이란 것을 깨달을 수 있었습니다. 건물에 갇혀 있는 동안에 이들은 돌아가며 저를 괴롭혔고, '이렇게 사느니 차라리 죽는 것이 낫지 않을까'란 생각도 여러 번 들었습니다.

온몸의 기력은 쇠해 갔고, 이들의 위협에 아무

것도 할 수 없는 저의 무기력한 모습에 기가 질렸습니다. 저는 그곳에 있으면서 늘 공포에 떨어야 했습니다. 정말 끝이 없어 보이는 절망의 나날이었습니다.

그러던 중 한 줄기 빛이 들어왔습니다. 그 빛을 따라 나팔 소리와 찬양 소리가 들렸습니다. 그때 저는 비로소 조금씩 깨닫기 시작했습니다.

'그래, 나는 예수님을 믿는 사람이지!'

목소리도 나오지 않았고, 몸도 움직일 수 없었습니다. 하지만 저는 있는 힘을 쥐어짜 개미 같은 목소리로 나지막이 읊조리기 시작했습니다.

"예수, 보혈."

그러자 갑자기 그곳의 분위기가 바뀌었습니다. 사람들이 부산해지기 시작했습니다. 뭔가가 확연히 달라진 것을 느꼈습니다.

저는 생각했습니다.

'어? 뭔가 반응이 있네.'

저는 좀 더 힘을 냈습니다. 좀 더 목소리를 높였습니다.

"예수, 보혈. 예수, 보혈."

반복해서 읊조리자 그곳에서 어떤 떨림이 느껴졌습니다. 그곳 사람들이 뭔가 불안해하는 것이었습니다. 그렇게 저는 "예수, 보혈"을 외치다가 지쳐 쓰러져 잠이 들었습니다.

얼마가 지났을까요. 그때 두 리더가 아랫사람들을 모두 불러 엄청나게 혼내는 소리에 잠에서 깼습니다. 놀랍게도 그들은 제 이야기를 하고 있었습니다.

두 리더 중 하나가 말했습니다.

"저 인간이 도대체 어디서 저 주문을 들은 거야? 어디서 저 주문을 배워 온 거냐고!"

또 다른 리더가 말했습니다.

"누구도 저 인간과 대화를 나누지 못하게 해! 저 인간 근처에 누구도 얼씬하지 못하도록 주변을 철저히 감시해!"

✳

예수, 보혈에

무슨 능력이

있기에...

11

저는 더 이상 돈을 벌러 나가지 않았습니다. 그
들은 저를 일터로 내보내지도, 건드리지도 못했습
니다.

대신 그들은 제 방을 온갖 녹음기와 감시 기구
들로 가득 채웠습니다. 그리고 제가 아주 작은 소
리로 읊조리는 말까지 모두 듣고 기록했습니다.

저는 잠에서 깰 때마다 "예수, 보혈"을 외쳤
습니다. 그날도 잠시 잠이 들었다가 깼는데, 그
곳 사람들이 리더에게 보고하는 말소리가 들렸습
니다.

그들은 분명히 이렇게 말했습니다.

"저 인간이 주문을 한 번 외울 때마다 우리가 계획한 것들이 세 개씩 깨져 나가고 있습니다."

저는 힘이 났습니다.

"예수, 보혈"이란 말의 힘이 느껴졌습니다. 온힘을 다해 "예수, 보혈"을 외치며 그들과 대적했습니다. 악한 영들에게 잡혀 있던 저의 상황이 예수 보혈의 능력으로 반전되고 역전되기 시작했습니다.

12

그러던 어느 날 저는 그 건물에서 빠져나오게
되었고, 한밤중에 어느 강가 자갈밭에 서 있었습
니다.

저 멀리 큰 돌산이 보이고 꼭대기에 누군가 빛
을 내며 서 있었습니다. 저는 한눈에 알아보았습
니다. 장군처럼 늠름한 모습의 예수님이셨습니다.

제가 이 이야기를 하면 간혹 사람들이 묻곤 합
니다. 어떻게 그 멀리 계신 분이 예수님인지 알아
볼 수 있었느냐고요.

혹시 어린 시절 정말 친했던 친구와 연락이 끊
어졌다가 오랜만에 길에서 우연히 마주친 적이 있
습니까? 몇 십 년이 흘렀는데도 너무 반갑게 "너
○○이지? 맞지?" 하고 인사하며 그동안의 그리움

을 나눴을 것입니다.

예수님을 만났을 때 저는 딱 그런 느낌이었습니다. 한눈에 알아볼 수 있었습니다.

갑자기 눈물이 하염없이 흐르기 시작했습니다. '왜 예수님을 두고 엉뚱한 곳에 갇혀 그렇게 돈 버는 일에만 매진하면서 살았던가' 하는 후회가 몰려왔습니다.

그때 전 결심했습니다.

'나는 예수님을 향해 가겠다. 가다가 죽더라도, 그 길 위에서 죽을 것이다.'

여전히 기력이 없었던 저는 온몸의 기운을 짜내 돌산을 기어올랐습니다. 산 중턱 즈음 올라갔을까요? 숨이 턱 막혀 더 이상 나아가기 힘들었습니다. '이제 여기서 끝이구나' 하는 생각이 들어 다 포기하려던 순간이었습니다.

13

돌산 꼭대기에 계시던 예수님은 제가 쓰러져 누워 있던 곳으로 내려와 서 계셨습니다. 저는 그곳에서 예수님을 가까이 대면하게 되었습니다.

저는 제 인생이 여기서 끝이라는 것을 단번에 알아챌 수 있었습니다. 지금이 바로 숨이 끊어지는 때요 인생의 마지막 순간임을 말입니다. 이제 내게 심판의 자리만이 남았음을 직감할 수 있었습니다. 그곳에서 저는 사망과 음부의 열쇠를 가지신 유일한 분, 우리 인생의 끝에 반드시 만나야 하는 분, 심판자이신 예수님을 만난 것입니다.

곧 살아 있는 자라 내가 전에 죽었었노라

볼지어다 이제 세세토록 살아 있어

사망과 음부의 열쇠를 가졌노니 계 1:18

그런데 그때 저를 건물에 가뒀던 리더들의 우두머리인 사탄이 돌산까지 쫓아와 옆에 섰습니다. 기운이 없어 땅바닥에 누워 있는 저를 가운데 두고 예수님과 사탄이 마주보는 모양새가 됐습니다.

사탄은 끝까지 저를 놓아주지 않았습니다.

저를 사이에 두고 예수님과 사탄이 선 그 순간, 놀랍게도 제가 살아온 모든 삶이 계수되기 시작했습니다. 어려서부터 최근까지 제 모든 삶이 필름처럼 빠른 속도로 지나갔습니다. 그것을 저와 예수님, 사탄이 함께 봤습니다.

사탄은 제 삶을 보면서 평가하며 예수님께 참소했습니다. 저를 데려가야만 하는 이유를 조목조목 읊었습니다.

"저것을 좀 보십시오. 그때 이 인간은 저렇게밖에 못 살았습니다. 저 죄짓는 꼴을 좀 보십시오."

제가 봐도 너무나 창피하고 수치스럽고 낯부

끄러운 순간들이었습니다. 어린 시절 그런 상상을 한 적이 있습니다. 나중에 죽어 심판대에 섰을 때 하나님이 제게 이렇게 말씀하시는 것입니다.

"네가 나를 믿었으니 천국에는 보내 줄게. 그런데 너는 나를 믿는다면서 왜 그때 그렇게밖에 살지 못했니?"

저는 하나님 앞에서 이런 책망을 들으며 수치스럽고 부끄러운 가운데 천국에 가게 되면 어쩌나 하는 생각을 했습니다.

그런데 예수님은 제 인생의 모든 잘못했던 상황 가운데 단 한 순간도 저를 정죄하지 않으셨습니다. 그리고 저를 끝까지 사탄에게 내어 주지 않으셨습니다. 지금도 예수님께 따지고 들던 사탄의 외침이 귓가에 쟁쟁합니다.

"도대체 이 인간이 뭔데 놔 주지 않습니까? 왜 그렇게

붙들고 계십니까?"

사탄은 그길로 돌아서 가 버렸습니다.

＊

예수님은
끝까지 저를 사탄에게
내어 주지 않으셨습니다.

15

그러므로 이제 그리스도 예수 안에 있는 자에게는

결코 정죄함이 없나니 **롬** 8:1

예수님은 사탄의 수많은 참소에도 불구하고 어째서 저를 정죄하지 않으셨을까요? 그 이유는 바로 제가 예수 그리스도를 믿음으로 이미 죄 사함을 받았기 때문이었습니다.

심판자 되신 예수 그리스도 앞에 섰을 때 그분을 믿는 저에게는 더 이상 정죄할 근거가 없었습니다.

대신 예수님은 제 인생에서 기쁘셨던 순간, 가치 있다고 평가할 만한 순간들을 추려 내셨습니다. 그런데 놀랍게도 그 순간들은 너무나 적었습니다.

저는 독실한 믿음의 가정에서 태어나 어려서부터 주일학교에 다니고 주일 예배에 빠지지 않았습니다. 찬양팀, 성가대, 부흥회, 수련회, 단기 선교 등 교회에서 하는 대부분의 사역에 참여했고, 인생의 많은 시간을 교회에서 보냈습니다.

하지만 그 수많은 시간은 예수님께 뽑히지 않았습니다. 거기에 저는 단 한 마디도 반론할 수가 없었습니다. 저도 의식하지 못하고 있던 마음속의 동기가 모두 드러났기 때문입니다.

저는 늘 교회에서 시간을 보냈고 예배의 자리에 앉아 있었지만, 그것은 하나님을 깊이 사랑해서가 아니었습니다. 도리어 주변 사람들에게 신앙 좋은 학생, 신앙 좋은 청년으로 인정받고 싶은 욕구가 가득했던 것입니다.

16

곧 나의 복음에 이른 바와 같이

하나님이 예수 그리스도로 말미암아

사람들의 은밀한 것을 심판하시는 그날이라 **롬 2:16**

예수님이 가치 있게 뽑으신 시간의 대부분은 제 삶에서 가장 어렵고, 힘들고, 절망적이던 상황들이었습니다.

저는 사업을 하다가 돈을 다 잃은 적이 있습니다. 계좌에 '0'이 찍혔을 정도였습니다. 얼마 안 있으면 온 가족이 길에 나앉을 수도 있는 상황이었습니다. 정말 되는 일이 하나도 없는 것 같았고, 어디 의지할 곳도 없었습니다. 집에 돌아오면 무

릎이 저절로 꿇어지고 하나님께 간구가 나왔습니다.

"하나님 제발 살려만 주십시오. 제발 도와주십시오. 제가 의지할 분은 오직 하나님밖에 없습니다."

지푸라기라도 잡고 싶은 심정으로 하나님만 믿고 의지하던 그 순간이 예수님은 그렇게도 좋으셨나 봅니다. 예수님은 그때를 제 인생 중에 가치 있는 순간으로 뽑으셨습니다.

그러나 오해하지 마십시오. 꼭 고난과 절망의 시간만을 예수님이 인정하신다는 뜻은 아닙니다. 중요한 것은 어느 순간이든 내 마음이 예수님을 향해 있는가 하는 것입니다.

하나님께 예배하고 찬양하는 시간도 중요합니다. 다만 하나님은 마음의 은밀한 것, 다시 말해 마음의 동기를 정확히 보고 계십니다. 그 동기가 하나님을 향해 있지 않고 사람의 인정을 향해 있다면 하나님은 그 시간들을 계수하지 않으십니다.

17

인생에서 중요한 것은 '지금 내가 무엇을 하는가'가 아닙니다. '지금 내가 예수님과 동행하고 있는가'입니다.

예수님이 제 인생에서 가치 있다고 뽑으신 시간은 제가 예수님과 실제로 동행했던 순간들이었습니다.

그렇다면 어떻게 하는 것이 예수님과 동행하는 것일까요? 어떤 순간이 과연 예수님과 동행하는 순간으로 인정받을까요?

그것은 예수 그리스도만이 온전히 내 삶의 주인이라고 인정하는 순간입니다.

제 인생에서 모든 것이 좋았던 때에도 예수님을 온전히 삶의 주인으로 인정했다면 얼마나 좋았을까요? 그러나 저는 그러지 못했습니다. 사람들의 인정이 중요했습니다. 결국 아무것도 남지 않는 상황이 왔을 때, 의지했던 사람에게서 아무런 도움도 받지 못했을 때 비로소 저는 예수님을 삶의 주인으로, 내 삶을 다스리시는 분으로 인정할 수 있었습니다.

예수 그리스도를 온전히 삶의 주인으로 인정해 드리는 순간이 바로 그분과 동행하는 시간입니다.

18

이 일이 있은 후, 제 삶의 목표는 '예수 그리스도와의 동행'이 되었습니다. 왜냐하면 그것만이 심판의 날에 예수님이 인정해 주시는 유일한 가치이기 때문입니다. 다른 가치들보다 좀 더 나은 것이 아닙니다. 오직 그것만이 유일하고 진정한 가치입니다.

예수 그리스도와 동행하는 삶은 그분만을 나의 주, 나의 왕으로 인정하는 삶입니다. 내 생각과 나의 주장을 내려놓고 예수 그리스도의 말씀을 존중하는 삶입니다.

솔직히 말해 예수님은 우리가 하는 일의 성공과 실패에 그다지 관심이 없으십니다. 그보다 예수님은 우리 삶에 함께 거하고, 우리와 동행하기를 원하십니다.

저는 예수님을 만난 이후 다시 건물 안으로 돌아왔습니다. 그리고 그전보다 더욱 힘을 내 "예수, 보혈" 그리고 "구원"까지 외치기 시작했습니다. 예수 그리스도 보혈의 능력을 힘입어야만 우리는 사탄이 잡고 있는 권세를 깨뜨리고 예수 그리스도께 붙잡힌 바가 되어 구원에 이르게 됨을 깨달은 것입니다.

저는 그 안에서 "예수, 보혈, 구원"을 외치며 자신 있게 영적 전쟁을 치렀습니다. 사탄의 계획들이 무너져 가는 것을 눈으로 보고, 실제로 제게 아무 힘도 쓰지 못하는 것을 경험했습니다. 눈만 뜨면 이런 영적 전쟁을 치르다가 지쳐 잠들곤 했습니다.

어느 날이었습니다. 사탄의 종이자 리더 중 하나가 저를 찾아왔습니다. 그는 건너편 침대에 걸터앉아 제게 말을 건네었습니다.

"우리 이제 그만합시다. 그쪽도 그만하시고, 우리도 그만할게요."

그 말을 듣고 저는 제가 이겼음을 알았습니다. 하지만 저는 타협하지 않았습니다. 오히려 더 힘을 내어 "예수, 보혈, 구원"을 외쳤습니다. 그러는 가운데 현실 세계로 돌아오게 되었습니다.

❋

당신은
세상에서 가장 값진
'오늘'을 선물로 받았습니다.
만약, 오늘이 이 세상에서의
마지막날이라면
당신은 오늘을 어떻게 보내시겠습니까?

Chapter 3
|||||||||||||||||||||||||||||||||||

구 원

마침내 이루어 낸 승리

20

눈을 뜨니 저는 병원에 누워 있었고 알 수 없
는 기계들을 주렁주렁 달고 있었습니다. 무엇이
현실인지 구분이 안 되는 상태에서 저는 깨어나자
마자 "예수, 보혈, 구원"을 외쳤습니다. 그런데
어찌 된 영문인지 목소리가 나오지 않았습니다.
알고 보니 목에 기관 절개를 해서 목소리가 나오
지 않았습니다.

그 자리에 제 동생이 함께 있었는데, 동생은 제 입 모양을 보고 저를 대신해서 "예수, 보혈, 구원"을 외쳐 주었습니다. 그리고 제가 이것을 사람들에게 반드시 전해야 한다고 말하는 것을 보면서 대신하여 선포해 주었습니다.

시간이 지나고 나서야 제가 처한 현실을 깨달
았습니다. 저는 물 한 모금도 넘길 수 없었고 손가
락 하나도 움직일 수 없는 극도의 무기력한 상황
에 놓여 있었습니다.

저는 장 수술을 여러 차례 했습니다. 배안에 감
염이 심했기 때문에 대장을 잘라 옆구리로 빼고
봉투를 달아 대소변을 받아 내는 장루를 설치하였
습니다. 어느 날 이 장루를 통해 하루에 1리터가
넘는 피가 쏟아져 나왔습니다. 혈압은 급격히 떨
어졌습니다. 수혈이 필요했지만 멕시코 시골에는
제 혈액형과 맞는 피가 없었습니다.

머리가 펑펑 돌고, 눈이 뒤로 넘어가려 하고, 손발이 얼음처럼 차가웠습니다. 제 몸의 바이탈 사인들을 보니 스스로도 오늘 밤을 넘기기가 어렵겠다는 생각이 들었습니다.

　멕시코 병원은 아이들의 출입이 금지되어 있습니다. 그 탓에 저는 깨어나서도 제 자녀들을 볼 수가 없었습니다.

　제게는 세 아들이 있는데, 그 아이들을 보지도, 안아 주지도, 사랑한다고 말해 주지도 못하고 죽어야 한다는 것이 그렇게 가슴 아플 수가 없었습니다. 저는 담당 의사에게 아이들을 한 번만 보게 해달라고 부탁을 했습니다.

　다는 올 수가 없었고 첫째 아들만 마스크를 두개 끼고서 병실에 들어올 수 있었습니다.

제가 아들에게 어떤 말을 했을까요? 만약 오늘 이 아들을 보는 마지막 밤이라면 어떤 말을 남기겠습니까?

저는 이 말을 했습니다.

"예준아, 아빠 따라해 봐.

예수, 보혈, 구원.

이것을 꼭 기억해야 해.

이것이 세상을 이길 수 있는 힘이야.

그리고 집에 가서 동생들에게

이것을 꼭 전해 줘야 해.

사랑해."

23

우리는 생사의 기로에 섰을 때 하나님께 전심으로 살려 달라고 간구합니다. 그럼에도 가족이나 지인들이 결국 이 땅을 떠나기도 합니다. 그렇다고 해도 하나님의 선하심에는 변함이 없습니다.

생명에 대한 하나님의 주권과 다스리심을 우리는 명확히 인정해야 합니다. 하나님께서 생명을 거두신다 해도 진심으로 하나님의 주권을 인정하며 감사할 수 있는 마음의 자세를 가져야만 합니다.

사람이 할 수 있는 일을 할 때는 기적이라고

하지 않습니다. 하지만 사람이 할 수 없는 일이 일어날 때 우리는 그것을 기적이라고 부릅니다.

저는 아마도 이 땅에서 해야 할 일이 남아 있었던 모양입니다. 하나님이 제게 시키실 일이 있으셨던 것 같습니다.

저는 그 이후에도 많은 기적과 같은 일들을 겪고 죽음의 위기를 넘겼습니다. 하나님은 제게 다시 생명을 주셨고 이렇게 일으키셔서 담대히 예수 그리스도의 복음을 전하는 삶을 살아가게 하셨습니다.

24

저는 회복하면서 저를 위해 기도해 주었던 수많은 분의 격려 메시지들을 보고 들을 수 있었습니다. 그 메시지를 보내 준 분들은 제가 본 적도 없고 알지도 못하는 분들이 많았습니다. 사실 그 메시지는 격려라기보다는 저마다의 간증이었습니다.

"선교사님, 요즘 신앙생활에 슬럼프가 와서 믿음이 많이 흔들렸습니다. 그런데 선교사님을 위해 중보기도하면서 도리어 제 지나온 시간을 회개했습니다. 신앙이 완전히 회복되었습니다. 감사합니다."

"우리 교회는 성도들이 하나 되지 못하고 많은

어려움에 처해 있었습니다. 그런데 선교사님을 위한 기도제목을 놓고 함께 기도하면서 성도들이 하나 되고 교회가 회복되었습니다."

"기독 대학교 교수 모임에서 선교사님의 기도제목을 접하고 함께 기도했습니다. 그러던 중에 다시금 하나님께서 학교를 세우신 목적과 선교를 향한 열정을 회복해 주셨습니다."

25

한번은 모르는 분으로부터 이런 연락을 받았습니다.

"저는 미국 캘리포니아에서 온 사람인데, 선교사님을 뵙고 싶습니다. 병실로 방문해도 되겠습니까?"

제 병실로 찾아온 그는 본인이 겪은 이야기를 들려주었습니다.

"저는 말기암 환자였습니다. 암이 폐에까지 전이되어 너무나 힘든 상태였습니다. 저는 이 병을 고쳐 달라고 하나님께 기도했습니다.

그 무렵 선교사님의 기도제목을 받았습니다. 저는 매일 새벽기도 자리에 가서 저를 위한 기도에 앞서 선교사님을 위해 기도했습니다.

그리고 이번에 한국에 나와 검사를 받았는데, 주치의가 제 암이 완치되었다고 했습니다. 이 소식을 선교사님께 직접 알려 드리고 싶었습니다."

이런 일도 있었습니다.

한번은 제가 병원에 입원해 있을 때 어떤 분이 찾아왔습니다. 그분은 제게 부탁이 있다고 했습니다. 제 병원비를 모두 결제하고 싶다는 것이었습니다. 저는 괜찮다고, 그러실 필요 없다고, 그동안 마음을 다해 기도해 주신 것만으로도 너무나 감사하다고 이야기하며 만류했습니다.

그러나 그분이 단호한 어조로 꼭 본인이 결제할 수 있게 해달라고, 하나님이 주신 말씀이 있어서 자신이 꼭 결제해야 한다고 거듭 부탁했습니다. 하는 수 없이 그분의 제안을 받아들였습니다.

며칠 후 그분이 다시 저를 찾아왔습니다.

"선교사님, 하나님이 말씀해 주신 금액이 있는데 그때 병원비가 그 금액보다 적게 나왔어요. 그래서 나머지 금액을 선교사님께 헌금하려고 가지고 왔습니다."

저는 한사코 거절했지만 그분은 하나님이 시키신 일이니 본인은 순종해야 한다면서 뜻을 굽히지 않았습니다.

시간이 지나고 감사했던 그분께 연락을 드려 함께 식사하는 자리를 마련했습니다. 그분은 제게

이런 이야기를 들려주었습니다.

"선교사님, 그때 하나님이 제게 헌금하라고 하셨는데 사실 돈이 없었습니다. 그래서 신용카드로라도 헌금을 하려고 선교사님을 찾아간 것이었습니다.

그런데 어떤 일이 일어났는지 아세요? 마지막으로 선교사님께 헌금하고 돌아가는 엘리베이터에서 전화 한 통을 받았습니다. 전혀 생각지도 못했던 곳에서 돈이 들어왔습니다. 정확히 헌금한 금액에 0이하나 더 붙어서 말입니다."

✳

다른 사람을 위한

간절한 기도는

내 기도를

가장 빨리 응답해

주시기 위한

하나님의 신비입니다.

27

저는 제가 알지도 못했던 분들로부터 놀라운 회복과 감사의 메시지들, 기적의 간증들을 수도 없이 들었습니다.

어쩌면 '멕시코 시골의 한 선교사가 교통사고가 났다더라' 하며 별일 아닌 것으로 끝날 수도 있었을 일입니다. 그러나 하나님은 제 사고를 통해 전 세계에 수많은 회복을 동시에 이루어 내셨습니다. 나중에 제 병실에 문병 오셨던 친한 친구의 어머니가 말씀하셨습니다.

"네가 서서 한 일보다 누워서 한 일이 더 많네."

정말 그렇습니다. 제 평생을 들여도 할 수 없을

그 일들을 하나님께서 하셨습니다. 하나님은 이 짧은 시간 동안 전 세계를 아울러 일하셨습니다.

저는 그때 깨달았습니다. 사역의 주체는 내가 아니라 하나님이십니다. 제 평생의 노력과 희생으로 이룰 수 없는 일도 하나님께서 하시면 한순간에 이루어 내십니다.

28

이 사건을 겪으며 한 가지 확실해진 것이 있습니다.

오늘이 제게 허락된 마지막 날이라면 저는 가장 가치 있는 것, 아니 유일한 가치인 예수 그리스도와의 동행을 선택하겠습니다.

그렇다면, 어떻게 예수님과 동행하는 인생을 이룰 수 있을까요? 이를 위해 우리가 갖추어야 할 몇 가지 조건이 있습니다.

첫째, 예수 그리스도의 보혈의 능력을 믿는 것입니다.

보혈만이 우리를 거룩하신 하나님 앞에 나아갈

수 있게 합니다. 예수 그리스도의 보혈만이 우리 삶을 하나님의 임재와 영광 가운데 머무르게 합니다. 이 사실을 믿어야만 우리는 예수 그리스도와 동행하는 삶을 살 수 있습니다.

보혈은 우리에게 그 어떤 율법도, 선지자도 해 줄 수 없었던 죄 사함을 이루어 줍니다. 죄 사함이 있어야만 우리는 거룩하신 하나님 앞에 나아갈 수 있습니다.

둘째, 삶에 감사가 넘치게 하는 것입니다.

감사는 처한 환경에 좌우되는 것이 아닙니다. 감사는 하나님이 계심을 인정하는 믿음의 열매입니다. 그러므로 상황의 어떠함과 관계없이 감사할 때에 우리는 삶을 실질적으로 다스리시는 하나님의 권능을 경험하고 인정할 수 있습니다.

셋째, 인생의 마지막에 반드시 직면할 심판자이신 예수님의 기준을 이해하는 것입니다.

제가 겪은 일은 저만의 특별한 경험이 아닙니다. 하나님을 알든 모르든, 심지어 교회의 문턱도 넘어 보지 못한 수많은 사람이 머지않은 시간에 예외 없이 반드시 직면할 현실입니다.

누구나 인생의 마지막 순간에는 반드시 심판자이신 예수님을 대면할 것입니다. 또 사탄은 그 옆에서 우리를 데려가기 위해 참소할 것입니다.

그때 예수 그리스도께서 우리를 붙잡으실 유일한 기준은 무엇일까요?

그를 믿는 자는 심판을 받지 아니하는 것이요

믿지 아니하는 자는 하나님의 독생자의 이름을 믿지

아니하므로 벌써 심판을 받은 것이니라 요 3:18

그렇습니다. 그 기준은 바로 예수님을 그리스도로 믿는 믿음입니다. 예수 그리스도께서 내 죄를 대신하여 십자가에서 죽으시고, 부활하시고, 지금도 살아 계심을 믿는 믿음입니다.

＊

오늘이 제게 허락된 마지막 날이라면
저는 가장 가치 있는 것, 아니 유일한
가치인 예수 그리스도와의 동행을 선
택하겠습니다.

29

꼭 기억하십시오. 오직 예수 그리스도를 믿고 죄 사함을 받아야만 인생의 마지막에 맞이할 심판에서 구원받을 수 있습니다.

다른 길도, 다른 신도 없습니다.
오직 예수 그리스도밖에 없습니다.

다른 이로써는 구원을 받을 수 없나니

천하 사람 중에 구원을 받을 만한 다른 이름을

우리에게 주신 일이 없음이라 하였더라 행 4:12

우리를 구원하신 예수 그리스도, 우리를 죄에서 건지시고 또한 삶에서 전인격적으로 구원하기 원하시는 그분과 오늘 하루 동행하지 않겠습니까?

예수 그리스도와 동행하는 시간만이
예수님 앞에 섰을 때,
유일하게 인정받는 가치입니다.

예수 그리스도와의 동행으로 가득 채우는 삶이
야말로 가치 있다고 평가를 받습니다. 짧은 인생
일지라도 밀도 높은 인생을 살아갈 수 있습니다.
그리스도와의 동행으로 당신의 삶을 밀도 있게
채워 나가겠습니까?

30

예수 그리스도와 동행함으로 가치 있는 삶을
살기로 결심했다면 이렇게 기도해 보십시오.

인생의 날을 계수하는 지혜를 허락하사
오늘 하루의 삶을 예수 그리스도의 가치로
가득 채우도록 은혜 내려 주옵소서.

우리 인생이 길지 않은 것을 깨닫게 하시고,
삶에 감사가 넘치게 하여 주옵소서.

예수 그리스도의 보혈을 의지하여
왕 되신 하나님의 보좌 앞에 나아갑니다.
당신의 얼굴을 저를 향하여 드사
독생자 아들 예수 그리스도의 의로 덧입혀
주옵소서.

하나님의 왕 되심과 다스리심을 인정하고
높여 드립니다.
하나님과 동행하는 시간으로
제 삶을 가득 채워 주옵소서.

예수님의 이름으로 기도합니다. 아멘.